Petra Bartoli y Eckert

Alex ist einfach anders

Verlag an der Ruhr

Kids

Impressum

Titel
KidS – Klassenlektüre in drei Stufen
Alex ist einfach anders – Lesestufe 2

Autorin
Petra Bartoli y Eckert

Titelbildmotiv und Illustrationen
Wolfgang Slawski

Satz und Layout
Eva-Maria Hamann

Druck
Heenemann GmbH & Co. KG, Berlin, DE

Verlag an der Ruhr
Mülheim an der Ruhr
www.verlagruhr.de

1. Auflage, 4. Druck 2026
ISBN 978-3-8346-3097-1

Begleitendes Unterrichtsmaterial:
KidS – Literatur-Kartei: „Alex ist einfach anders"
3-fach differenzierter Lesebegleiter
ISBN 978-3-8346-3093-3
Oder als PDF unter **www.verlagruhr.de**:
ISBN 978-3-8346-3047-6

Inhalt

1. Ein komischer Junge 5
2. Ist der behindert? 13
3. Pause mit Alex 18
4. Die Entdeckung 23
5. Alex kennt sich aus 28
6. Alle Hände voll zu tun 38
7. Abschied von Hermann 50
8. Wir sind jetzt Freunde 60

Was ist eigentlich Autismus? 64

Personen

Das ist Finn. Er ist umgezogen
und neu in der Klasse.

Das ist Alex. Finn findet,
dass Alex sich komisch verhält.

Das ist Mara. Sie ist die
Zwillingsschwester von Alex.

Das ist Tarek.
Finn sitzt neben ihm.

1 Ein komischer Junge

Finn hatte richtig schlechte Laune. Obwohl ihm Mama für heute die neuen Turnschuhe gekauft hatte. Die Schuhe waren ganz bequem. Aber der Rest fühlte sich ziemlich blöd an. Finn war vor einer Woche umgezogen. Jetzt war alles neu: Die Wohnung, in die sie gezogen waren, war neu. Papa hatte eine neue Arbeit. Und Mamas Weg zur Arbeit war neu. Der war jetzt viel weiter.

Und natürlich ging Finn auch auf eine neue Schule. Dort musste er neue Freunde finden. Papa und Mama fanden diese neuen Dinge super. Finn fand alles einfach nur blöd. Außer die neuen Turnschuhe. Die waren weiß und hatten blaue Streifen. Genau solche hatte sich Finn schon immer gewünscht. Aber den Umzug hatte er nicht gewollt.

Heute war also Finns erster Schultag. Er ging jetzt auf die Lindgren-Schule in Neustadt.
Dort kannte er bisher niemanden.
An diesem Morgen brachte Mama Finn im Auto zur Schule.
„Bist du aufgeregt?“, fragte sie.
Finn schüttelte den Kopf.
„Nö, ich doch nicht“, murmelte er.
Schnell stieg er aus dem Auto. Er wollte nicht, dass Mama seine Schwindelei bemerkte.
Finn knallte die Tür zu. Dann rannte er in Richtung Schule.

Im Flur der Schule blieb Finn stehen. Er blickte sich suchend um. Sein Klassenzimmer lag im Erdgeschoss. Es war gleich hinter der ersten Zwischentür. Das hatte der Schulleiter am Telefon erklärt. Neben Finn drängten sich noch andere Kinder in die Schule.
„Weggehen! Nicht anfassen“, rief ein Junge mehrmals laut.
Finn fuhr herum.

Der Junge war etwa so groß wie er. Hinter ihm ging ein Mädchen.
Finn blieb stehen und überlegte: „Ob die in meine Klasse gehen?“
Er sah, wie das Mädchen die Zwischentür aufdrückte. Finn folgte ihr und dem Jungen.
Die beiden gingen auf das Klassenzimmer zu, in das auch er musste. Vor der Tür wartete Finn unschlüssig.
Da sprach ihn eine Stimme an: „Bist du Finn?“
Neben ihm war eine Frau stehen geblieben.
Finn nickte. Die Frau lächelte.

Dann meinte sie: „Ich bin Frau Schön, deine neue Lehrerin."
Sie hielt Finn die Tür auf. Finn schlurfte ins Klassenzimmer. Er stellte sich vorne an die Tafel. Mit den neuen Turnschuhen zeichnete Finn Kreise auf den Boden.
„Guten Morgen. Setzt euch bitte auf eure Plätze", sagte Frau Schön zu allen Kindern im Klassenzimmer.
Finn hob seinen Kopf. Er sah, wie jeder zu seinem Platz ging.

Frau Schön deutete auf Finn und sagte: „Ich möchte heute den Morgenkreis ausfallen lassen. Stattdessen will ich euch jemanden vorstellen. Das ist euer neuer Mitschüler. Er heißt Finn Steinhauser."
Plötzlich fing der Junge, den Finn schon vorhin gesehen hatte, laut zu rufen an: „Wir beginnen mit dem Morgenkreis. Wir beginnen immer mit dem Morgenkreis."
Der Junge wiegte seinen Oberkörper hin und her.

Finn sah den Jungen erschrocken an. „Der ist echt voll komisch“, murmelte er. Die Lehrerin trat zu dem Jungen an den Tisch und sagte: „Alex, es ist gut. Du hast Recht. Wir sollten trotzdem mit dem Morgenkreis beginnen. Dann kann Finn im Kreis gleich ein bisschen über sich erzählen.“

Da trat das Mädchen von vorhin zu Finn. Sie hielt ihm ein Kissen hin.

„Hier, das kannst du nehmen“, sagte sie.

Finn nahm es gerne. Er setzte sich wie alle anderen Schüler vor der Tafel auf den Boden.

Dort machten sie einen Kreis.

„Ich bin Mara“, flüsterte das Mädchen. Sie setzte sich neben Finn.

„Und wer ist der Spinner, der gerade so rumgebrüllt hat?“, wollte Finn wissen.

Finn dachte, Mara würde das lustig finden.

Doch Mara funkelte ihn stattdessen böse an.

Mara holte tief Luft und zischte: „Das ist kein Spinner. Das ist Alex und er ist mein Bruder. Wir sind Zwillinge. Er ist vielleicht ein bisschen anders. Aber wenn hier einer spinnt, dann bist du das. Merk dir das!“.

Mara verschränkte ihre Arme vor der Brust.

Dann rückte sie ein Stück von Finn weg.

Finn flüsterte: „He, so war das doch nicht gemeint. Ich konnte doch nicht wissen, dass Alex dein Bruder ist.“

Aber Mara zuckte nur mit den Schultern und drehte ihren Kopf zur Seite.

„Was hast du denn?“, murmelte Finn ratlos.

Da fing Frau Schön an, zu reden, und sagte: „Lasst uns beginnen. Finn, wir möchten dich gerne besser kennenlernen und uns alle bei dir vorstellen. Fang du doch bitte an und erzähl uns ein bisschen was von dir.“

Alle bis auf Mara schauten Finn neugierig an. Und Alex drehte seinen Kopf einfach nur im Kreis.

Finn fing an, zu erzählen: „Ich wohne erst seit letzter Woche in Neustadt. Wir sind hierher gezogen. Ich mag gerne Mathe. Und Pizza. Und Fußballspielen mag ich auch.“

Danach erzählten alle anderen Kinder der Reihe nach. Nur Alex wollte nicht. Da zuckte die Lehrerin nur mit den Schultern.

2 Ist der behindert?

Nach dem Morgenkreis fragte ein Junge: „Kann Finn neben mir sitzen?“ Frau Schön nickte und sagte: „Das ist eine gute Idee.“ Der Junge hieß Tarek. Finn ging hinter ihm her. Dabei konnte er erkennen, dass Mara und ihr Bruder Alex schräg gegenüber Platz nahmen. Tarek meinte: „Du kannst dich hierhin setzen.“ Er zeigte auf einen freien Stuhl.

„Holt bitte eure Rechenhefte“, bat Frau Schön. Finn freute sich. Im Rechnen war er richtig gut. Er zog sein Rechenheft aus der Schultasche und schlug die erste Seite auf. Frau Schön hatte viele ziemlich hohe Zahlen an die Tafel geschrieben und sagte: „Ich möchte, dass ihr alle Zahlen der Größe nach ordnet. Fangt bitte mit der kleinsten an.“

Finn grinste: „Das ist ja babyeinfach.“
„Findest du?“, murmelte Tarek.
Frau Schön hatte eine Idee: „Alex, magst du uns die kleinste Zahl sagen? Dann kann Finn besser verstehen, wie das geht.“
„Nicht nötig“, wollte Finn gerade sagen. Da schrie jemand: „Aah!“
Es war natürlich dieser Alex, von dem das Schreien kam.

Er schrie: „Nein! Nein!“ Dabei fuchtelte Alex mit seinen Armen in der Luft herum. Er sprang auf und trommelte mit seinen Fäusten auf den Tisch.
Frau Schön versuchte, ihn zu beruhigen: „Ist gut, Alex.“
Finn fand es gar nicht gut, wie dieser Junge herumschrie!

Frau Schön meinte: „Setz dich in die Leseecke. Dort kannst du deine Musik hören.“ Sie zog Kopfhörer aus einer ihrer Schreibtischschubladen. Die reichte sie an Alex weiter.

Finn sah, wie Alex die Kopfhörer am CD-Player in der Leseecke ansteckte.

Verwundert dachte Finn: „Wieso darf der Musik hören?“

Alex kauerte sich auf ein Kissen. Dann drückte er die Starttaste.

Keines der Kinder in der Klasse fand das komisch. Alle schrieben in ihre Hefte. Sogar Tarek arbeitete an seiner Matheaufgabe, als ob nichts wäre. Nur Finn wunderte sich. Er rückte ganz nahe an Tarek heran und flüsterte: „Ist dieser Alex behindert oder krank oder so?“ Tarek hörte auf, zu schreiben. Er sah Finn überrascht an.

Dann wisperte Tarek: „Alex ist nicht krank. Sonst würde er ja im Bett liegen.“ „Bist du sicher?“, bohrte Finn weiter. Tarek nickte heftig: „Ja, klar. Denkst du vielleicht, Alex ist ansteckend oder so? Alex ist ganz okay. Er ist nur ein bisschen anders im Kopf.“ „Aber was hat er denn?“, fragte Finn. „Das, was Alex hat, heißt Autismus“, flüsterte Tarek schnell.

Plötzlich stand Frau Schön an ihrem Tisch. Sie sagte: „Es ist ja schön, zu sehen, dass ihr beiden euch schon so gut versteht. Aber jetzt steht Rechnen und nicht Reden auf dem Stundenplan."

Dabei sah sie Finn und Tarek ernst an. Tarek erklärte schnell: „Finn wollte nur wissen, was mit Alex ist." Frau Schön nickte. „Aber ich hab ihm schon alles erklärt", meinte Tarek.

Da fragte Frau Schön nach: „Möchtest du noch etwas wissen?"

Finn schüttelte den Kopf. Er murmelte: „Nein, nein. Ich hab schon verstanden. Alex hat so etwas wie ein Auto im Kopf." Dann fing er endlich an, zu arbeiten.

3 Pause mit Alex

Es war Pause. Alle Kinder stürmten nach draußen. Auch Tarek und Finn sprangen auf. Tarek rief: „Los, komm! Wir können zusammen Fußball spielen.“
Finn wollte gerade hinter Tarek herlaufen. Aber Frau Schön hielt ihn auf.
Sie meinte: „Moment, Finn. Ich möchte noch kurz mit dir sprechen.“
Ob er jetzt Ärger bekam? Aber Frau Schön lächelte Finn freundlich an.

Sie sagte: „Ich kann gut verstehen, dass das Verhalten von Alex für dich eine Überraschung ist.“
Finn nickte und musste grinsen. Alex war ja wohl alles andere als ein Überraschungspaket.
„Alex mag es nicht, wenn er angefasst wird“, erklärte Frau Schön.

„Und er kann nicht leiden, wenn etwas anders ist als sonst. Veränderungen regen Alex ziemlich auf“, meinte sie.
Das konnte Finn gut verstehen. Auch er hatte überhaupt keine Lust auf Umzug gehabt. Aber umgezogen waren sie trotzdem. Irgendwie ging es Alex also auch so wie ihm: Am liebsten war es beiden, wenn alles war wie immer. Aber deshalb fand Finn Alex trotzdem eigenartig.

„Alles klar. Kann ich jetzt gehen?“, fragte Finn. Da lachte Frau Schön: „Natürlich. Tarek wartet ja sicher schon auf dich.“ Finn lief los. Draußen auf dem Pausenhof sah er sich unsicher um. Wo Tarek wohl steckte? Auf der anderen Seite des Hofes war ein kleines Holzhäuschen. Die Tür stand offen. Finn konnte sehen, dass einige Kinder Spielsachen heraustrugen.

Bestimmt konnte man sich dort für die Pause Dinge zum Spielen ausleihen. Finn drehte sich um. In der Ecke neben dem Schuleingang entdeckte er Alex. Er kniete auf dem Boden. Neugierig linste Finn hinüber und fragte sich, ob Alex wieder irgendetwas Komisches machte. Aber stattdessen tat Alex etwas ziemlich Normales: Er malte. Mit Straßenmalkreiden zeichnete er Pferde auf den Boden.

Finn trat einen Schritt näher, damit er die Zeichnungen besser sehen konnte.

„Das sieht ja voll cool aus!“, rief er bewundernd.

Alex murmelte: „Nicht anfassen!“

„Schon gut, das hatte ich auch nicht vor“, brummte Finn. Was Alex da malte, gefiel ihm.

Plötzlich hörte Finn ein Zischen: „He! Lass bloß meinen Bruder in Ruhe!“

Neben ihm stand Mara. Sie hatte ihre Arme in die Seiten gestemmt.

Finn murmelte: „Ich sehe mir doch nur seine Bilder an.“

„Hallo, Finn, da bist du ja! Komm rüber!“, rief jemand laut.

Finn sah, dass Tarek vor dem Holzhäuschen stand. Er winkte. Finn schaute Mara genauso finster an wie sie ihn.

Dann rannte er schnell zu Tarek.

„Wollen wir Fußball spielen?“, fragte Tarek.

Er hielt Finn einen grünen Gummiball hin und erklärte: „Den hab ich für uns ausgeliehen.“

Finn schnappte sich den Ball und legte ihn auf den Boden. Dann trat er mit seinen neuen Turnschuhen kräftig dagegen. Der Ball flog über den Pausenhof.

„Toller Schuss“, kicherte Tarek. Schnell liefen die beiden Jungen los, um sich den Ball wiederzuholen.

4 Die Entdeckung

Die restlichen Schulstunden vergingen wie im Flug. Finn kannte mittlerweile immer mehr Kinder. Anne und Lilli saßen gleich neben ihm. Matteo und Paul waren die Jungen am nächsten Tisch. In der letzten Stunde hatten sie Kunst. Gemeinsam mit Tarek bedruckte er ein riesiges Blatt Papier mit selbst gemachten Stempeln. Dann klingelte es. Finns erster Tag an der neuen Schule war zu Ende.

Tarek und Finn gingen nebeneinander aus dem Klassenzimmer.
Tarek wollte wissen: „Und, wie gefällt dir unsere Klasse?“
Finn überlegte. Dann antwortete er: „Naja, hier ist alles ganz anders als in meiner alten Schule. Ich muss mich erst daran gewöhnen.“
Plötzlich fiel Finn etwas ein: Alex musste sich auch jeden Tag an Dinge, die anders laufen, gewöhnen.

Als sie auf dem Bürgersteig vor dem Schultor standen, fragte Finn: „Wo musst du denn lang?“ „In die Bergstraße“, antwortete Tarek und zeigt nach rechts.
„Schade, ich muss in die andere Richtung. Dann sehen wir uns morgen wieder“, sagte Finn. Tarek nickte und lief los. Einige Augenblicke sah Finn ihm nach. Dann bog er nach links ab und machte sich auf den Heimweg.

Finn hatte es nicht eilig. Nach Hause brauchte er eine Viertelstunde. Er tastete in seiner Jackentasche nach dem Haustürschlüssel. Mama hatte ihm heute Morgen den Schlüssel mitgegeben. Finn war nun jeden Tag erst einmal zwei Stunden allein zu Hause. Weil Mama jetzt viel länger von der Arbeit nach Hause brauchte. Sein Essen stand in der Mikrowelle. Das musste Finn nur noch warm machen.

Finn schob seine Hände in die Hosentaschen. Er ging los. Seinen Blick hatte er auf den Boden gerichtet. Finn musste nachdenken. In seinem Kopf waren wirklich unendlich viele Gedanken, die wild durcheinanderpurzelten. Finn dachte an den Morgenkreis. Und an Tarek. Er dachte an die wütende Mara. Und an Alex, der sich so komisch verhielt, wie Finn fand.

Plötzlich lösten sich Finns Schnürsenkel. Beim nächsten Schritt trat Finn darauf und stolperte. Im letzten Moment fand er sein Gleichgewicht wieder.
„So ein Mist“, murmelte Finn.
Er beugte sich nach unten, um den Schuh wieder richtig zuzubinden. Da machte er eine Entdeckung: Im Gras neben dem Bürgersteig lag ein eigenartiges, halbrundes Ding.
Es sah aus wie eine gelbbraune Plastikschüssel. Die hatte dort wohl jemand verkehrt herum hingestellt.

Finn bemerkte gar nicht, wie neben ihm zwei Paar Füße zum Stehen kamen.

Eine Mädchenstimme fragte: „Was machst du denn hier?“

Finn fuhr hoch und blickte direkt in die Gesichter von Mara und Alex. „Auch das noch! Auf Mara und ihren komischen Bruder habe ich jetzt echt keine Lust,“ dachte er.

Mara fragte: „Hat es dir jetzt die Sprache verschlagen?“

Plötzlich bewegte sich das gelbbraune Etwas. „Da! Habt ihr das gesehen?“, rief Finn aufgeregt. Dabei vergaß er ganz, dass er mit den beiden eigentlich gar nichts zu tun haben wollte. Finn krabbelte vorsichtig an das Ding heran. Auch Alex und Mara kamen näher. „Was ist das?“, fragte Mara. Sie war also genau so neugierig wie er. Und ihre Stimme klang plötzlich ganz freundlich.

Da bewegte sich das Ding wieder. Finn klappte vor Staunen seinen Mund auf. Mara und Finn machten große Augen. Alex runzelte die Stirn. Mara piepste: „Das ist ja …“ „Testudo hermanni“, ergänzte Alex. Finn meinte verblüfft: „Hermann… was soll das denn sein?“ Er sah Alex fragend an.

5 Alex kennt sich aus

„Eine Schildkröte!“, stellte Mara fest.
Finn fragte: „Beißen Schildkröten?“
Vorsichtig streckte er seine Hand aus.
Nüchtern erklärte Alex: „Ja, amerikanische Schnappschildkröten sind sehr bissig. Sie können leicht einen Finger abbeißen.“
Plötzlich öffnete die Schildkröte langsam ihr Maul.
Finn schrie entsetzt auf: „Aaah!“
Blitzschnell zog er seine Hand zurück.
„Ist das so eine?“, fragte er stotternd.
Alex schüttelte den Kopf: „Nein, das ist eine Griechische Landschildkröte.
Auf lateinisch Testudo hermanni.“

Finn atmete erleichtert auf.
„Was macht denn eine Schildkröte neben dem Gehweg?“, fragte er entgeistert.
Mara vermutete: „Vielleicht ist sie von zu Hause ausgerissen.“

Finn überlegte: „Und wo ist ihr Zuhause?“

„Der natürliche Lebensraum der Griechischen Landschildkröte ist der europäische Mittelmeer-Raum. Dort lebt sie auf Wiesen und Olivenfeldern“, antwortete Alex.

Finn murmelte skeptisch: „Vom Mittelmeer bis hierher wird sie ja wohl kaum gelaufen sein. Das dauert ja ewig.“

Mara schüttelte den Kopf: „Ja, das ist Quatsch. Sie gehört bestimmt jemandem. Als Haustier, meine ich. Und sicher ist sie ausgerissen.“

Mara kniete sich neben Finn auf den Boden.

„Schaut nur, wie schön ihr Panzer aussieht“, sagte sie und deutete auf die Muster auf dem Schildkrötenrücken.

Finn grinste: „Ich finde, sie sieht ein bisschen aus wie ein Dinosaurier, nur viel langsamer.“

Da mischte sich Alex ein: „Schildkröten gab es schon in der Zeit, als es auch die Dinosaurier gab.“

Finn versuchte noch einmal, die Schildkröte anzutippen. Doch da zog das Tier Kopf und Beine unter seinen Panzer.

Mara rief: „Jetzt hast du sie erschreckt.“

„Wenn Schildkröten eine Gefahr vermuten, ziehen sie sich reflexartig zusammen“, ergänzte Alex.

Finn tippte sich an die Stirn und meinte: „Ich bin doch nicht gefährlich. Oder sehe ich vielleicht aus wie ein Vampir oder so?“

„Nein, du siehst aus wie ein Mensch“, antwortete Alex.

Mara grinste: „Wie ein Vampir? Ein bisschen schon.“
Da musste Finn auch grinsen. Er riss seinen Mund auf und klapperte mit den Zähnen.
Da fiel Mara etwas ein: „Glaubt ihr, sie hat Hunger? Was fressen Schildkröten überhaupt?“
Bestimmt wusste Alex das auch. Da war sich Finn ganz sicher.

Darum überraschte es ihn kein bisschen, als Alex antwortete:
„Landschildkröten sind Vegetarier. Sie fressen Wildkräuter.“
Finn sah zu Alex hoch und nickte. Auf dem Grasstreifen entdeckte Finn Löwenzahn und Klee.
Er streckte seine Hand aus und zupfte ein paar der Blätter ab.
Dann legte er das Grünzeug vor das Tier und flüsterte: „Da, Schildkröte. Für dich.“

Schon beschwerte sich Mara: „Ich finde das ziemlich blöd."
Finn rief erstaunt: „Was? Dass ich die Schildkröte füttere?"
„Nein. Dass wir zu ihr einfach nur ‚Schildkröte' sagen. Ich sage ja auch ‚Finn' zu dir. Und nicht nur ‚Junge'", erklärte Mara.
Aber sie kannten den richtigen Namen der Schildkröte eben nicht. Sie wussten ja noch nicht einmal, wem die Schildkröte gehörte.

Plötzlich rief Finn: „Ich habe eine Idee!"
Er sah zu Alex hoch und lächelte ihn an. Schnell drehte Alex seinen Kopf weg.
Finn fragte: „Wie heißt eine Landschildkröte noch? Du hast doch vorhin so einen komischen Namen genannt."
„Der lateinische Name der Griechischen Landschildkröte ist Testudo hermanni", antwortete Alex.

Finn grinste: „Genau. Und darum nennen wir die Schildkröte hier fürs Erste einfach Hermann. Ich meine, solange wir nicht wissen, wie sie wirklich heißt.“

Mara klatschte begeistert in die Hände. Da streckte die Schildkröte vorsichtig ihren Kopf aus dem Panzer hervor.

Mara flüsterte: „Schaut nur! Ich glaube, Hermann ist mit seinem Namen einverstanden.“

Finn schob die Blätter zur Schildkröte und flüsterte: „Hier, Hermann, die sind für dich. Bestimmt hast du Hunger. Lass es dir schmecken.“

Mara, Alex und Finn beobachteten Hermann beim Fressen eines Löwenzahns. Finn lauschte. Man konnte keinen Ton hören. Hermann hatte also Manieren. Er fraß, ganz ohne zu schmatzen!

„Und was machen wir jetzt mit Hermann?“, fragte Mara.

Finn befürchtete: „Wenn wir ihn hierlassen, kriecht er vielleicht auf die Straße.“

Mara nickte: „Und dann wird Hermann von einem Auto überfahren.“

„Das ist viel zu gefährlich. Wir müssen etwas unternehmen“, fand Finn.

Mara war einverstanden. Und Alex hatte jedenfalls nichts dagegen einzuwenden.

Mara überlegte: „Wir müssen herausfinden, wem Hermann gehört.“ Da schob Alex den Ärmel seiner Jacke zurück und schaute auf die Uhr. Er meinte: „Wir sind elfeinhalb Minuten zu spät.“ Mara rief erschrocken: „Mist, wir müssen nach Hause. Sonst macht sich Mama Sorgen. Und Alex wird dann auch nervös.“

Mara sah Finn an und fragte: „Bekommst du keinen Ärger, wenn du zu spät nach Hause kommst?“

Finn schüttelte den Kopf.
„Meine Mama ist noch arbeiten. Sie kommt erst später nach Hause“, erklärte er.

„Gut, dann bis morgen“, sagte Mara und drehte sich um.
Finn fragte erstaunt: „He, soll ich jetzt etwa mit Hermann hier alleine bleiben?“
Das wollte Mara nicht. Finn konnte das genau erkennen. Mara runzelte die Stirn.
Doch schließlich sagte sie: „Dann geh eben auch nach Hause.“
Finn gab zu bedenken: „Aber wir können doch Hermann nicht einfach so hier alleine lassen.“
Mara hatte eine Idee: „Ich laufe nach Hause und sag Mama Bescheid. Und ich hole einen Schuhkarton. Da können wir Hermann reinsetzen. Dann nehmen wir ihn erst einmal mit zu uns.“
Sie sah Alex an.
„Bleibst du so lange hier bei Finn?“, fragte sie.
Alex schüttelte wild seinen Kopf.

Er wiegte seinen Oberkörper hin und her. Bestimmt fährt jetzt das Auto in Alex' Kopf Slalom, überlegte Finn.
Plötzlich stoppte Alex und sagte: „Ich bleibe da."
Also ging Mara alleine los.
Finn fragte Alex: „Woher weißt du eigentlich so viel über Schildkröten?"
„Aus meinen Tierbüchern", sagte Alex.
Finn erinnerte sich an die Zeichnungen, die Alex heute in der Pause gemacht hatte. Die waren ziemlich gut gewesen.

Finn wollte wissen: „Kannst du deshalb auch so gut Tiere malen?"
Alex gab keine Antwort, aber Finn hatte eine gute Idee. Er rief Mara nach: „Bring Papier und Stifte mit!"
Sie war schon beinahe hinter der nächsten Kurve verschwunden. Hoffentlich hatte sie ihn gehört.

6 Alle Hände voll zu tun

Finn musterte Alex von der Seite. Sofort wich Alex seinem Blick aus. Finn zuckte mit den Schultern. Als er wieder nach Hermann sehen wollte, schrie Finn auf: „He! Er ist weg!“
Hektisch sah sich Finn um. Nichts! Hermann war verschwunden. Wie vom Erdboden verschluckt.
Mit panischer Stimme fragte Finn: „Alex, siehst du Hermann irgendwo?“
„Nein“, antwortete Alex.

Finn rief: „Los, wir müssen Hermann finden!“ Er ging in die Hocke und spähte rings um sich. Dabei murmelte Finn: „Hermann ist ziemlich klein.“ „Kleiner als ein Hund, aber größer als eine Maus. Die Angabe ‚klein‘ hängt immer davon ab, mit was man etwas vergleicht“, antwortete Alex. Finn atmete tief durch. Bald kam Mara zurück. Wenn Hermann weg war, wäre der Teufel los. Dann glaubte sie, dass Finn und Alex nicht richtig aufpassen konnten.

„Hermann, wo bist du denn?“, lockte Finn. Er legte sich mit dem Bauch auf den Gehweg und steckte seinen Kopf ins Gebüsch. Plötzlich sah er etwas Gelbbraunes zwischen den Blättern und Ästen. Finn atmete auf: „Da bist du ja.“ Er zog Hermann unter dem Gebüsch hervor. Dann legte er ihn vorsichtig vor sich auf dem Gehsteig ab. Das war gerade noch mal gut gegangen!

Finn rappelte sich auf und klopfte seine Hose ab. Jetzt würde er Hermann keine Sekunde mehr aus den Augen lassen.
„Glaubst du, er mag es, wenn wir ihn streicheln?“, wandte sich Finn an Alex.
Alex erklärte: „Wenn er seinen Kopf einzieht, mag er es nicht.“
Vorsichtig legte Finn seine Hand auf den Panzer von Hermann. Die Schildkröte sah ihn mit kleinen Kulleraugen an.

Sanft streichelte er über den Panzer von Hermann.
Dabei flüsterte Finn: „Ich glaube, es gefällt ihm.“
Finn streichelte weiter, bis Mara wieder zurück war. In der einen Hand trug sie einen großen Schuhkarton. In der anderen Hand hatte sie einen Block und eine Packung Holzfarbstifte.
Außer Atem sagte sie: „Mama hat uns erlaubt, eine Stunde nach dem Besitzer von Hermann zu suchen. Dann müssen wir nach Hause.“

Finn und Alex sagten nichts.
Deshalb fragte Mara: „War was?“
Finn schüttelte den Kopf. Alles musste Mara ja nicht wissen.
Stattdessen meinte er: „Also los, wir müssen uns beeilen!“
„Als die Katze von Frau Müller weggelaufen war, hat sie Zettel mit einem Foto und ihrer Adresse aufgehängt“, fiel Mara ein.
Statt des Fotos hatte Finn die passende Idee: „Alex soll ein Bild von Hermann malen!“
Alex kniete sich vor das Papier und begann, zu zeichnen. Das Bild der Schildkröte auf dem Blatt sah Hermann immer ähnlicher.
Finn war begeistert: „Bestimmt erkennt sein Besitzer ihn sofort, wenn er das sieht.“
Als Alex fertig war, meinte Mara: „Ich weiß, was wir schreiben. Wo wohnst du?“
Mara sah Finn fragend an.
„Ludwigsgasse 3. Warum?“, antwortete Finn.
„Darum“, sagte Mara und fing zu schreiben an:

Schildkröte gefunden!

Wir haben eine griechische Landschildkröte am Straßenrand in der Ringstraße gefunden. Der Besitzer kann sich bei Mara und Alex Wilhelm oder bei Finn Steinhauser melden.
Wir wohnen in der Ludwigsgasse 3 und in der Ludwigsgasse 49.

Mit freundlichen Grüßen

Mara, Alex und Finn

Finn nickte zufrieden. Dann sagte er: „Wir brauchen aber noch viel mehr von den Zetteln. Mindestens zehn!“
Mara überlegte: „Das dauert ja ewig, bis wir die alle gemalt und geschrieben haben.“
Da hatte Mara natürlich Recht.
„Wir können den Zettel bei mir zu Hause kopieren“, schlug Finn vor.
Mara war einverstanden: „Gut, aber Hermann kommt mit.“

Behutsam hob Mara Hermann hoch. Sie setzte ihn in die Schachtel. Dabei murmelte sie: „Keine Angst. Wir tragen dich im Schuhkarton zu Finn.“
Finn wollte den Schuhkarton anheben. Dabei streifte er aus Versehen den Arm von Alex.
Sofort rief Alex: „Nicht anfassen!“
Finn lächelte: „Ich weiß. Entschuldige bitte.“
Dann nahm er den Schuhkarton mit Hermann und die drei gingen los.

Vor Finns Haus hielt Finn Alex den Schuhkarton hin und fragte: „Kannst du mal halten?“ Alex übernahm den Karton. Dabei achtete er darauf, dass er Finns Hände bei der Übergabe nicht berührte. Finn fischte den Haustürschlüssel aus seiner Jackentasche. Mara wedelte mit dem Zettel herum und murmelte ungeduldig: „Beeil dich.“

Endlich schloss Finn auf. Alex und Mara gingen direkt mit ihm in Papas Büro. Mara sah sich neugierig um. Alex blieb in der Tür stehen. Dabei löste er seinen Blick keine Sekunde von Hermann im Schuhkarton. Gut, dass sich Finn mit Papas Kopierer so gut auskannte. Er drückte einen großen Knopf. Im nächsten Augenblick flatterten zehn Kopien aus dem Gerät. Finn schnappte sich den Stapel.

„Ich nehme noch Klebeband mit“, sagte Finn. Er nahm eine Rolle von Papas Schreibtisch. „Und wo hängen wir die Zettel jetzt auf?“, überlegte Mara. Finn schlug vor: „Am besten an Straßenlaternen.“ Er ging durch den Flur zur Haustür. Mara und Alex folgten ihm. Draußen deutete Finn auf eine Laterne und meinte: „Hier fangen wir an.“

Mara protestierte: „Nein, wir sollten zu der Stelle zurückgehen, wo wir Hermann gefunden haben. Und von dort aus suchen wir Laternen, an die wir die Zettel kleben können.“

Die drei stapften los. Finn und Mara gingen vorneweg. Alex trottete mit der Schildkröte im Schuhkarton hinterher. Als sie in der Ringstraße angekommen waren, überlegte Mara: „Aus welcher Richtung Hermann wohl gekommen ist?“
Da fiel Finn etwas ein: „Oh Mann, wer weiß, wie weit er gelaufen ist. Wie schnell sind Schildkröten eigentlich?“
Alex wusste es natürlich: „Die schnellste Schildkröte ist eine Lederschildkröte. Sie kann 35 Kilometer in der Stunde im Wasser zurücklegen.“
„Ist Hermann auch so schnell unterwegs?“, fragte Mara verblüfft. Sie warf einen Blick auf die Schildkröte im Schuhkarton.

Alex erklärte: „Hermann ist eine Landschildkröte. Die braucht für einen Kilometer mehr als drei Stunden."
Erleichtert atmete Finn auf. Dann musste Hermann bestimmt hier ganz in der Nähe wohnen. Ein paar Meter von ihnen entfernt stand eine Straßenlaterne. Finn zog den obersten Zettel von seinem Stapel. Ruckzuck hatte er die Suchmeldung an die Laterne geklebt.

Sie brauchten eine halbe Stunde, um alle Zettel aufzuhängen. Erst gingen sie die Ringstraße in Richtung Ludwigsgasse. Dann schlugen sie den Weg in Richtung Schule ein.
Mara murmelte: „Hoffentlich meldet sich der Besitzer von Hermann bald."
Sie sah auf ihre Uhr. Es war beinahe eine Stunde vergangen, seit sie mit ihrer Suche nach Hermanns Besitzer begonnen hatten. Höchste Zeit für Mara und Alex, nach Hause zu gehen!

„Wir müssen los!“, sagte Mara.

Finn nickte. Wenn sich der Besitzer von Hermann meldete, mussten sie ohnehin zu Hause sein.

Alex machte sich mit Hermann im Schuhkarton sofort auf den Weg. Da hatte Mara eine Idee:

„Wir könnten Mama Bescheid sagen, dass wir bei dir warten, bis deine Mama nach Hause kommt. Und wenn sich bei uns jemand meldet, dann kann Mama ihm ja sagen, wo wir zu finden sind.“

Finn sah Alex nach. Dieser trottete schon in Richtung Ludwigsgasse. Eigentlich waren er und Mara voll in Ordnung. Er konnte sich gut vorstellen, noch mehr Zeit mit ihnen zu verbringen.

Darum sagte er grinsend: „Gerne.“

Mara schrie Alex nach: „He, warte auf uns!“

Sie liefen los. Da sahen Finn und Mara einen älteren Jungen auf Alex zugehen. Er kam aus einer Seitenstraße. Direkt vor Alex blieb er stehen.

7 Abschied von Hermann

„Was hast du denn da?“, fragte der Junge. Er war bestimmt schon 14. Alex blieb wie angewurzelt stehen. Schnell rannten Finn und Mara zu ihm. Finn keuchte: „Vielleicht ist das der Besitzer von Hermann.“

Alex flüsterte: „Das ist eine Griechische Landschildkröte.“ Mit beiden Händen hielt er den Schuhkarton mit Hermann fest. Der fremde Junge fragte: „Darf ich mal sehen?“ Neugierig schaute er in den Schuhkarton. Alex ging einen Schritt zurück. Finn wusste sofort: Alex hatte Angst, vor allem, was er nicht kannte. Finn musste Alex irgendwie helfen. Der Junge beschwerte sich: „Jetzt geh doch nicht weg.“

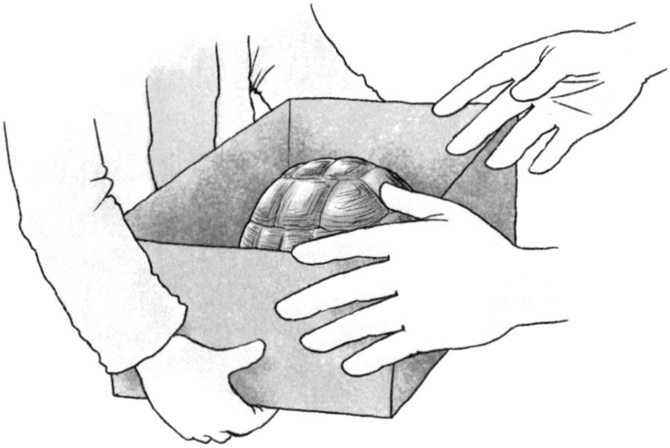

Langsam streckte er seine Hände aus, um nach dem Karton zu greifen. Dabei kam er Alex ziemlich nahe.

Gleichzeitig riefen Finn, Mara und Alex:
„Nicht anfassen!“
Erschrocken zog der Junge seine Hände zurück.
Er musterte die drei Kinder und murmelte:
„Ihr seid aber komisch.“
Dann drehte er sich um und ging weiter.
Finn rief hinter ihm her: „Wir sind kein bisschen komisch!“
Mara lächelte.
Alex hatte sich bereits wieder auf den Weg gemacht. Finn und Mara folgten ihm mit etwas Abstand.

Plötzlich hörte Finn jemanden rufen: „Kröti! Kröti, wo bist du denn?“

Finn blieb sofort stehen. Mara wäre beinahe in ihn hineingerannt. Sie wollte sich schon beschweren. Aber Finn legte schnell einen Finger an seinen Mund. Er flüsterte: „Hast du das gehört?“

Mara hörte genau hin.

„Kröti!“, rief die Stimme wieder.

Irgendwie kam sie Finn ziemlich bekannt vor.

Mara rief ihrem Bruder nach: „Alex, warte mal!“

Finn sah sich um.

Eine Frau lief hinter ihnen die Straße entlang. Sie sah auf den Boden. Alle paar Meter schob sie den Ast eines Busches beiseite.

Da rief Mara: „Frau Schön!“

Stimmt! Jetzt hatte Finn sie auch erkannt. Das war ja ihre Lehrerin. Frau Schön fuhr hoch.

„Ach, ihr seid das!“, sagte sie.

Die Lehrerin kam auf die Kinder zu.

„Suchen Sie etwas?“, wollte Finn wissen.

Frau Schön antwortete: „Ja, meine Schildkröte. Ich habe sie heute Morgen in ihren Freilauf in den Garten gesetzt. Und jetzt ist sie verschwunden.“

Finn warf Mara einen vielsagenden Blick zu.

Jetzt kam auch Alex dazu. Den Karton hielt er hinter seinem Rücken versteckt.

Finn fragte: „Handelt es sich dabei um eine Testudo hermanni?“

Alex murmelte: „Testudo hermanni ist eine Griechische Landschildkröte.“

Frau Schön nickte.

„Wie sieht sie denn aus?“, wollte Mara wissen.

Frau Schön überlegte. Die Lehrerin hielt ihre Hände ein Stück auseinander und antwortete: „Sie hat einen gelbbraunen Panzer und ist ungefähr so groß. Wollt ihr mir vielleicht beim Suchen helfen?“

Finn und Mara schüttelten den Kopf.

Verwundert sah Frau Schön sie an.

„Ich glaube, das ist nicht nötig“, grinste Mara.

Finn ergänzte: „Wir haben sie nämlich bereits gefunden.“

Da zog Alex den Schuhkarton hinter seinem Rücken hervor und streckte ihn Frau Schön entgegen.

Mara deutete ans Ende der Ringstraße und meinte: „Hermann saß im Gras. Dort drüben.“

Frau Schön wunderte sich: „Hermann? Wer ist denn Hermann?“

Sie warf einen Blick in den Karton.

Dann lachte sie erleichtert.

Mara grinste: „Wir haben die Schildkröte Hermann genannt. Wegen Testudo hermanni.“

Frau Schön nahm die Schachtel mit Hermann von Alex entgegen. Lächelnd beugte sie sich über den Karton. Dabei warf ihr Kopf einen dunklen Schatten auf Hermann.

Da sagte Alex streng: „Landschildkröten brauchen Sonnenlicht, um sich aufzuwärmen. Das kann ihr Körper nicht allein.“

Schnell zog die Lehrerin ihren Kopf zurück.

„Du kennst dich aber gut mit Schildkröten aus“, sagte Frau Schön.

Finn meinte: „Und Alex kann Schildkröten auch super zeichnen.“

Mara ging zur Straßenlaterne, die einige Meter vor ihnen stand. Dort riss sie eine der Suchmeldungen ab. Sie reichte Frau Schön den Zettel.

Die Lehrerin staunte: „Da habt ihr euch wirklich ziemlich große Mühe gegeben."
Verlegen sah Finn zu seinen Füßen. Auf seinen neuen Turnschuhen waren braune Erde und grüne Grasstreifen. Aber das war Finn absolut egal. Immerhin waren Mara, Alex und er echte Schildkrötenretter. Da waren saubere Turnschuhe Nebensache. Plötzlich kam Finn ein Gedanke: „Wenn Sie Hermann jetzt mitnehmen, dürfen wir ihn dann mal besuchen?"
Frau Schön lachte und senkte verschwörerisch die Stimme: „Ich habe da einen viel besseren Vorschlag. Soll ich euch ein Geheimnis verraten?"
Finn trippelte aufgeregt von einem Fuß auf den anderen. Er konnte es kaum erwarten, bis Frau Schön endlich ihr Geheimnis mit ihnen teilte. Die Lehrerin zwinkerte: „Ich habe die Schildkröte gekauft, weil ich sie morgen mit in die Schule nehmen wollte. Sie soll unsere Klassenschildkröte werden."

Finn hopste auf und ab und schrie: „Juhu!“
Mara grinste.
Frau Schön meinte: „Und weil ihr die Schildkröte gefunden habt, sollt ihr auch eine kleine Belohnung haben. Aber die verrate ich euch erst morgen in der Schule.“

Mara fing sofort zu betteln an: „Können Sie uns nicht wenigstens einen kleinen Tipp geben?"

Da meinte Frau Schön: „Na gut. Ich kann euch schon mal verraten, dass ich den Namen Hermann sehr schön finde. Viel besser als Kröti. Darum soll die Schildkröte euren Namen bekommen."

Finn und Mara sahen sich zufrieden an.

Die Lehrerin hielt den Zettel mit der Suchmeldung hoch und fragte: „Darf ich den behalten?"

Mara nickte: „Wir haben noch mehr davon. Wollen Sie die auch?"

Frau Schön antwortete: „Nein, am liebsten hätte ich das Original mit dem gemalten Bild von Alex. Sozusagen als Erinnerung. Aber wenn ihr mir sagt, wo die anderen hängen, mache ich sie wieder alle ab."

Finn, Mara und Alex waren einverstanden. Dann mussten sie aber wirklich nach Hause. Zum Abschied streichelten Alex, Mara und Finn Hermann über den Panzer.

Finn flüsterte: „Tschüss, Hermann! Bis morgen."

Zu Hause angekommen, wartete Finn schon ungeduldig auf Mama. Als sie endlich da war, erzählte er ihr alles von Mara und Alex. Und natürlich von Hermann und ihrer Suche nach der Schildkrötenbesitzerin.

Finn erzählte Mama auch von Alex' Auto im Kopf. Zuerst machte Mama große Augen. Aber dann verstand sie, wovon Finn sprach. Darum erklärte sie: „Du meinst sicher Autismus. Das hat gar nichts mit einem Auto zu tun. Autismus bedeutet, dass Alex' Gehirn anders funktioniert als deines. Deshalb denkt Alex manchmal anders als du. Oder er lächelt nicht zurück, wenn du ihn anlächelst. Er ist aber sicher genauso in Ordnung wie du oder andere Kinder."
Finn nickte. Das hatte er ja schon längst verstanden.

8 Wir sind jetzt Freunde

Am nächsten Tag freute sich Finn schon auf die Schule. Beim Frühstück sagte er: „Ich kann alleine gehen. Auf dem Weg hole ich Mara und Alex ab."

Mama sagte: „Geh ruhig."
Sie gab Finn einen Kuss auf die Nasenspitze.
Sofort maulte Finn: „Nicht küssen!"
Mit seinem Ärmel wischte er sich über die Nase.
Mama lachte nur und sagte: „Ich freue mich, dass du so schnell neue Freunde gefunden hast."

Gemeinsam mit Mara und Alex betrat Finn das Klassenzimmer. Tarek war schon da und rief: „He, Finn!“
Finn ging zu ihm und setzte sich.

Tarek meinte: „Bestimmt war dir gestern Nachmittag langweilig. Wo du doch noch niemanden hier in der Stadt kennst.“
Finn grinste und schüttelte den Kopf. Er sah, wie Frau Schön das Klassenzimmer betrat. In ihren Händen trug sie einen Schuhkarton.
Schnell flüsterte Finn: „Ich erzähl dir später, was ich gestern Nachmittag gemacht habe.“

Jetzt wollte er erst einmal wissen, welche Belohnung Frau Schön für Mara, Alex und ihn hatte.
Die Lehrerin meinte: „Ich möchte euch jemanden vorstellen. Er wird ab jetzt auch in unserer Klasse sein.“
Die Kinder sahen sich irritiert um. Keiner konnte ein neues Kind erkennen.
Da rief Finn: „Er heißt Hermann!“

Frau Schön lächelte. Sie stellte den Schuhkarton auf ihren Schreibtisch. Alle Kinder reckten ihre Hälse.

Die Lehrerin erklärte: „Gleich wird der Hausmeister ein großes Terrarium bringen. Das ist erst einmal der Platz für unser neues Klassenmitglied. Und nächste Woche möchte ich mit euch draußen einen Freilauf bauen."

Dann endlich erzählte Frau Schön, wer Hermann war. Alle Kinder jubelten.

Daraufhin sagte Frau Schön: „Und nun habe ich noch eine Überraschung für Finn, Mara und Alex. Sie haben Hermann gestern gefunden, nachdem er ausgebüxt war.

Darum dürfen sich die drei diese Woche als erste um Hermann kümmern. Und ich dachte, ihr könntet auch einen Plan von einem Freigehege zeichnen. Immerhin kennt sich Alex so gut mit Schildkröten aus und kann prima malen.

Wollt ihr das?"

Und ob sie das wollten! Finn klopfte Mara auf die Schulter. Alex winkte er kurz zu. Der winkte zwar nicht zurück. Aber das war Finn egal. Denn er war sich sicher: Alex wollte sich genauso gerne wie er um Hermann kümmern.

Finn fand Alex mittlerweile gar nicht mehr komisch, sondern ziemlich normal. Es war ihm egal, dass Alex manchmal nichts sagte und nicht angefasst werden wollte. Finn, Mara und Alex würden sicher hervorragend für Hermann sorgen. Und gemeinsam mit Freunden machte diese Aufgabe bestimmt besonderen Spaß, fand Finn.

Was ist eigentlich Autismus?

Alex hat Autismus. Besser gesagt, eine besondere Form davon. Man nennt die Krankheit Asperger-Syndrom. Aber Alex muss nicht im Bett liegen und Tee trinken. Seine Krankheit bereitet ihm andere Schwierigkeiten. Er mag zum Beispiel keine Veränderungen. Am wohlsten fühlt sich Alex, wenn immer alles gleich ist. Außerdem mag er es nicht, wenn es sehr laut oder hell ist. Oder wenn er von anderen angefasst wird. Denn Alex nimmt Geräusche, Licht oder Berührungen viel heftiger wahr als andere. Manche Dinge, die gesagt werden, versteht Alex ganz anders. Darum kann er auch selten über Witze lachen, weil er sie nicht lustig findet. Alex kann die Gefühle von anderen Kindern oder Erwachsenen nicht erkennen oder verstehen. Darum merkt er nicht, wenn er andere verletzt oder kränkt. Denn er sagt immer alles so, wie er es sich gerade denkt.

Aber Alex hat nicht nur Schwierigkeiten. Er kann auch manche Dinge ganz besonders gut. Alex kann sich vieles sehr gut merken. Er ist ein echter Spezialist in Dingen, die er interessant findet. Und ihm ist es wichtig, dass alles gerecht ist. Dafür setzt er sich ein.